Natascha Battus

Versöhnt mit mir!

Dieses Buch widme ich meinen Eltern.
Ihnen gilt mein größter Dank!

Über die Autorin:

Natascha Battus ist ZRM®-Trainerin (Zürcher Ressourcen Modell) und Kommunikationsberaterin. Der Fokus ihrer Seminare und Vorträge für Unternehmen liegt auf psychischer Gesundheit am Arbeitsplatz und der Work-Life-Balance. Zudem unterstützt sie mit ihren Kursangeboten und Coachings Menschen darin, ihre Selbstwirksamkeit zu entfalten und neue Perspektiven zu gewinnen. Sie lebt in Freiburg im Breisgau. Mehr Informationen unter: www.battus.de

Natascha Battus

Versöhnt mit mir!

5 Minuten mit meinem inneren Kind

Lübbe

Inhalt

Wenn du dir eine Perle
wünschst, such sie nicht in einer
Wasserlache. Wer Perlen finden
will, muss bis zum Grund des
Meeres tauchen.

Rumi

1

Mein inneres Kind:
Zeit, dich kennenzulernen

Ich erkenne, was mich von früher blockiert, und löse meine Bremsen.

Wann haben Sie mal wieder so richtig ausgelassen herumgealbert, wie damals als Kind? Dieses Buch ist Ihrem inneren Kind gewidmet. Denn es zupft an Ihrem Ärmel, auch in Momenten, in denen es eigentlich gerade stört.

Ihr inneres Kind steht symbolisch für Ihre Überzeugungen und Verhaltensmuster, die Sie in Ihrer frühen Kindheit erworben haben. Es beeinflusst Ihre Gedanken und Ihre Gefühle – und steuert unbewusst Ihr Handeln. So prägt es Ihre Realität.

Es möchte so gern mitmischen, mit seinen Sorgen, aber auch mit seiner großen Lebensfreude und unstillbaren Neugierde.

In meinen Seminaren frage ich die Teilnehmenden: Was ist Ihre Leidenschaft? Jeder braucht eine Motivation, um sich zu entwickeln. Entweder von etwas fort oder noch besser zu etwas hin. Positive Veränderung passiert dann, wenn wir uns mit uns versöhnen, in den Spiegel schauen und sagen können: »Du bist in Ordnung, so wie du bist. Gut, da gibt es ein paar Dinge, die dir das Leben schwer machen. Zeig mir, was dir am Herzen liegt. Ich bin bereit, dir zuzuhören.«

Allzu oft verhindern alte Gefühle und Verhaltensweisen aus Kindertagen unsere Entwicklung. Sie lassen uns immer wieder auf der Stelle treten. Dabei können sie der Schlüssel zu unserem wahren Wesenskern, zu innerer Stärke und Kreativität sein. Im Folgenden kommen Sie Schritt für Schritt Ihrem inneren Kind näher. Sie erkennen, wo es Sie blockiert – und Sie entdecken, welchen Schatz es in sich trägt.

Das verflixte innere Gummiband

Eigentlich wissen Sie ja, was Ihnen guttut. Doch da ist ein inneres Gummiband, das Sie immer wieder zurückhält. Sie sitzen vor dem Fernseher. Irgendwie fühlen Sie sich matt und niedergeschlagen. Wie ferngesteuert greift Ihre Hand in die Pralinenschachtel. Obwohl Sie doch gerade beschlossen hatten, gesünder zu essen! Eine Stimme in Ihnen sagt: »Egal! Das haben wir uns jetzt verdient!« Nur wer bitte spricht von »wir«? Es ist Ihr inneres Kind. Es erinnert sich daran, wie es von Mama Süßigkeiten zum Trost bekommen hat. Mit einem süßen Bonbon im Mund war die Welt für einen Moment wieder in Ordnung. Für diesen Trost will Ihr inneres Kind jetzt auch sorgen: Pralinenalarm! Ihr inneres Kind mischt viel häufiger in Ihrem Leben mit, als Sie denken.

SOS Gefühlschaos

Ihr inneres Kind kennt viele Zaubertricks, aus schlechten Gefühlen möglichst schnell wieder gute Gefühle zu machen. Süßigkeiten zum Beispiel. Doch diese Strategien sind nicht nachhaltig.

Um tiefe innere Konflikte zu lösen, müssen Sie eine neue Sicht auf Ihr Leben gewinnen. Nicht nur das, was Sie in der Vergangenheit erlebt haben, hat einen Einfluss auf Ihr Lebensgefühl, sondern auch das, was Sie jetzt gerade darüber denken. Somit erschaffen Sie sich Ihre Gefühle selbst. Diese Botschaft hat zwei Seiten. Sie können, wenn Sie schlechte Laune haben, nicht mehr anderen die Schuld dafür in die Schuhe schieben. Die gute Nachricht lautet jedoch: Sie können selbst dafür sorgen, dass schwere Gefühle Sie nicht blockieren. Das gelingt, indem Sie sich mit sich selbst versöhnen, mit Ihren Macken und Sehnsüchten.

Aus den Kinderschuhen herauswachsen

Vielleicht sagen Sie sich: »Ich bin erwachsen, wozu denn dann noch die Beschäftigung mit dem ›Kinderkram‹?« Es klingt paradox: Nur wenn Sie Ihr inneres Kind ernst nehmen und seine Bedürfnisse integrieren, können Sie erwachsen sein. Wenn Sie sich selbst beobachten, dann bleiben Sie Ihren Gefühlen und Glaubenssätzen nicht ausgeliefert. Als Erwachsener haben Sie einen größeren Handlungsspielraum und können mehr Selbstwirksamkeit spüren als in der Kindheit. Wenn Sie Ihre kindlichen Muster erkennen und in neue Bahnen leiten, können Sie sich weiterentwickeln und:

- Ängste bewältigen
- Das tun, was Ihnen wichtig ist
- Tiefe Beziehungen führen
- Sinn und Erfüllung finden

Um sich Ihren Empfindungen zu stellen, brauchen Sie etwas Mut. Doch es lohnt sich. Sie versöhnen sich mit sich selbst! Schenken Sie Ihrem inneren Kind Aufmerksamkeit. So gestärkt blüht es auf und beschenkt Sie mit Kreativität und Lebensfreude. Und machen Sie sich auf etwas gefasst: Kinder sind spontan!

Das Leben bildet eine Oberfläche,

die so tut, als ob sie so sein müsste,

wie sie ist, aber unter ihrer Haut

treiben und drängen die Dinge.

Robert Musil

2

Alle reden mit:
Meine innere Familie

*Ich entdecke meinen Wesenskern
wieder und öffne mich neuen Impulsen.*

Es herrscht dicke Luft zwischen Ihrem Partner und
Ihnen. »Siehst du, mit Männern kann man nicht reden«, pflegt Ihre Mutter stets zu sagen. Dieser Satz
hat sich in Ihnen eingebrannt. Doch da melden sich
noch weitere Stimmen in Ihnen: »Das ist so ein feiner
Kerl, versorgt seine Familie«, mahnt Ihr Vater. Auch
Ihre Großmutter schaltet sich ein: »Sei froh, dass du
überhaupt einen Mann hast!« Vor lauter Gerede der
inneren Familie geht eine Stimme ganz unter: Ihre
eigene. Was empfinde ICH? Die meisten von uns
haben verlernt, ihren Gefühlen und ihrer Intuition

zu vertrauen. Wie oft spüren wir eine Unstimmigkeit in uns, können jedoch nicht genau sagen, was uns bewegt?

Die Menschen machen weite Reisen, um zu staunen über die Höhe der Berge, über die riesigen Wellen des Meeres, über die Länge der Flüsse, über die Weite des Ozeans und über die Kreisbewegung der Sterne. An sich selbst aber gehen sie vorbei, ohne zu staunen.

Augustinus

Wie wäre es mit einer Reise in Ihr Inneres? Da gibt es einiges zu entdecken! Also, Koffer gepackt und auf geht's!

Lust auf einen Flirt?

Sie sind unglücklich im Job, bewerben sich jedoch nicht woanders. Die Angst vor Veränderung hält Sie zurück, Neues zu wagen. Sie haben Lust auf einen Flirt, wollen Ihre Partnerschaft jedoch nicht gefährden. Hier ringt vielleicht das Bedürfnis nach Abenteuer mit dem Bedürfnis nach Geborgenheit. Ein Teil von uns scheint irgendwie ein anderes Ziel zu haben als das, was wir bewusst wollen. Das Bild Ihrer inneren Familie kann Ihnen helfen, Ihre verschiedenen Gefühle und Persönlichkeitsanteile zu erkennen und zu verstehen. Sie besteht aus:

- Dem freien inneren Kind
- Dem belasteten inneren Kind
- Dem inneren Erwachsenen

Natürlich gibt es noch weitere Anteile in Ihnen. Doch dieses einfache Modell wird Ihnen in vielen Situationen ausreichen, um Klarheit darüber zu gewinnen, was in Ihnen gerade vorgeht. Sich mit sich selbst zu versöhnen bedeutet nicht, zu kapitulieren. Es bedeutet, sich zu entspannen. In diesem Zustand können Sie viel leichter Veränderungen vornehmen, als wenn Sie ständig mit sich hadern.

Das freie innere Kind

Ihr freies inneres Kind ist Ihr Wesenskern. Es ist die Kraft, die Sie in sich spüren, wenn Sie im »Flow« sind. Wenn Sie fühlen, dass Ihnen das, was Ihnen wichtig ist, gelingt. Und wenn Sie ganz bei sich sind. Wenn Sie Ihren Gefühlen, den guten und schlechten, Ausdruck verleihen dürfen. Sie sind als Energiebündel auf die Welt gekommen. Haben Sie schon mal ein Kind beobachtet, das laufen lernt? Unermüdlich ist es bei der Sache, geht ein paar Schritte, schwankt, fällt hin, weint, steht wieder auf und macht weiter. Spielen und Lernen sind eng miteinander verbunden. Ein Kind entdeckt neugierig, offen und mutig seine Umgebung. Wenn es dabei ein liebevolles, unterstützendes Elternhaus hat, entwickelt es Urvertrauen. Denn es weiß, dass es getröstet wird, wenn es hinfällt. Ihr freies inneres Kind steht für Ihre Lebensfreude, Intuition und Kreativität. Es ist durchlässig und offen. Wenn Sie lernen, diesen Teil in sich bewusst wahrzunehmen, kann er sich entfalten.

Das belastete innere Kind

Durch die Bezugspersonen in Ihrer Kindheit wurden Sie entscheidend geprägt. Sie wurden vielleicht ermahnt, still zu sitzen und fleißig zu sein. »Mach was aus dir!«, lautete die Botschaft. Dann haben Sie gedacht: »Wenn ich etwas aus mir machen muss, dann bin ich nicht richtig so, wie ich bin.« Sie rannten gegen Wände, die die Erwachsenen errichtet hatten, und holten sich so manche Schramme. Auf diese Weise haben Sie Ihre Lektion fürs Leben gelernt: »Du musst dich anstrengen, wenn du geliebt werden möchtest.« Um Schmerz zu vermeiden, haben Sie Strategien entwickelt. Viele davon haben Sie von Ihren Eltern abgeschaut. Es stand schließlich viel auf dem Spiel, denn Sie waren abhängig von Ihren Bezugspersonen.

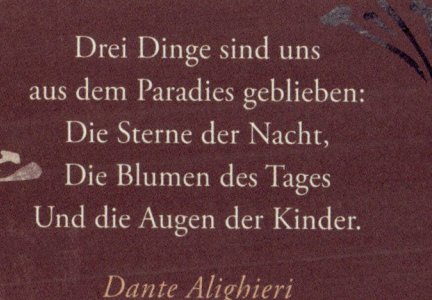

Drei Dinge sind uns
aus dem Paradies geblieben:
Die Sterne der Nacht,
Die Blumen des Tages
Und die Augen der Kinder.

Dante Alighieri

Rucksack voller schwerer Gefühle

Als Kind waren nicht Ihre Gefühle das Problem, sondern dass Ihr Umfeld diese nicht toleriert oder nicht wahrgenommen hat. Sie fühlten sich allein gelassen und stellten sich nur mehr die Frage. »Was stimmt mit mir nicht? Was mache ich falsch?« Sie waren überfordert und haben die bedrohlichen Gefühle weggepackt. Aus den Augen, aus dem Sinn.

Und so füllte sich Ihr »Lebens-Rucksack« immer mehr mit unterdrückten Gefühlen und Wünschen.

Der innere Erwachsene

Schon lange trägt Ihr inneres Kind diesen schweren Gefühlsrucksack mit sich herum. Es ist Zeit, dass Ihr innerer Erwachsener ihm dieses Gewicht von den Schultern nimmt. Viele Erwachsene kümmern sich erst darum, den Rucksack auszupacken, wenn sie in eine Krise geraten. Machen Sie es anders: Räumen Sie Ihren Rucksack von Zeit zu Zeit auf. So lebt es sich leichter. Ihr innerer Erwachsener nutzt seinen Verstand und durchdenkt Situationen. Er kann Dinge bewusst wahrnehmen, planen und sich einen Überblick verschaffen – im Gegensatz zum inneren Kind, das nur im Hier und Jetzt lebt. Die Einstellung Ihres inneren Erwachsenen ist entscheidend dafür, wie sich Ihr inneres Kind fühlt. Wenn er ihm wohlwollend und versöhnlich begegnet wie gute Eltern, sind Sie in Balance. Doch oft ist unser innerer Erwachsener sehr streng und ungeduldig mit unserem inneren Kind. Er schämt sich für dessen Schwäche. Der innere Erwachsene ist gleichzeitig Mutter und Vater. Seine Aufgabe ist, Stärke zu entwickeln und das innere Kind zu beschützen, es an die Hand zu nehmen.

Ihr innerer Erwachsener übernimmt die Verantwortung für Ihre Gegenwart. Wenn Sie Ihr Wohl von anderen abhängig machen und von den Menschen um sich herum ständig Anerkennung und Bestätigung erwarten, sind Sie unfrei. Nur Ihr innerer Erwachsener kann Ihren inneren Mangel ausgleichen, Ihre Sehnsüchte erfüllen und Ihr Selbstbewusstsein stärken. Er soll Ihr inneres Kind ermutigen, statt ihm ständig den erhobenen Zeigefinger vorzuhalten. Denn darauf reagiert es bockig und traurig. Wenn es jedoch spürt, dass der innere Erwachsene versöhnlich mit seinen Schwächen umgeht, wendet es sich ihm vertrauensvoll zu und ist kooperativ.

Verantwortung abgeben und übernehmen

Es gibt Schlimmes, was Eltern ihren Kindern antun können. Psychische und körperliche Gewalt, Vernachlässigung, sexuellen Missbrauch. Wenn Sie merken, dass Sie mit solch belastenden Themen nicht weiterkommen, ermutige ich Sie, sich Hilfe zu suchen. Ihr Urvertrauen wurde verletzt. Deshalb ist es gut, wenn Sie diese schweren Gefühle mit jemandem zusammen anschauen, der Sie unterstützt und Ihnen das Gefühl gibt, dass Sie diesmal nicht allein sind. Sie dürfen die Verantwortung für das, was geschehen ist, an Ihre Bezugspersonen von früher zurückgeben. Gleichzeitig sollten Sie bereit sein, die volle Verantwortung für Ihre Gegenwart zu übernehmen.

Zusammen und doch allein

Auch, wer eine scheinbar »normale« und eher behütete Kindheit hatte, erfährt innere Verletzungen. Dies liegt daran, dass kleine Kinder sich in vielen Situationen als ausgeliefert und somit auch machtlos erfahren, weil ihre Autonomie eingeschränkt ist. Auch wenn es zu ihrem Schutz ist.

Club der schwarzen Schafe

Fühlen Sie sich einsam in Ihrer Ursprungsfamilie und »irgendwie anders« als die anderen? Sie bemühen sich, sich weiterzuentwickeln und gute Beziehungen zu pflegen. In Ihrer Familie stoßen Sie auf Unverständnis und manchmal sogar Feindseligkeit. Viele Familien setzen Liebe mit Einigkeit gleich. Hat ein Familienmitglied seinen eigenen Kopf, auch im positiven Sinne, gilt es als illoyal und wird zum schwarzen Schaf abgestempelt. Gehen Sie Ihren Weg weiter. Sie werden auf Menschen treffen, denen dieselben Dinge wichtig sind wie Ihnen. Gründen Sie einen »Club der schwarzen Schafe«.

> Die Empfindung des Einsamseins ist schmerzlich, wenn sie uns im Gewühl der Welt, unerträglich jedoch, wenn sie uns im Schoße unserer Familie überfällt.
>
> *Marie Freifrau von Ebner-Eschenbach*

Sind Eltern an allem schuld?

Wenn Sie selbst Kinder haben, wird Ihnen jetzt vielleicht angst und bange. Eltern sind nicht perfekt, Sie sind nicht perfekt. Ihr eigenes inneres Kind trägt oft auch einen Rucksack voller Belastungen. Diese prägen Ihre Weltsicht und Ihren Erziehungsstil.

Von Schuld zu sprechen ist deshalb nicht hilfreich. Denn eine Familie ist ein System, das von jeder Person, die dazugehört, mit beeinflusst wird. Auch Schule, Politik oder Zeitgeist (z. B. Männer- und Frauenrolle) bestimmen Werte und Verhalten. Eltern tragen eine große Verantwortung. Dazu gehört, ihrem Kind Geborgenheit zu schenken, es zu nähren, zu schützen und zu fördern. Dabei machen sie Fehler. Vielleicht fehlte es ihnen an Unterstützung oder Beziehungsprobleme belasteten die Familie.

Die Bindungserfahrung mit unseren engsten Bezugs-personen prägen uns fürs Leben. Trennung kann auf Kinder eine traumatisierende Wirkung haben. Sie kann durch die Scheidung der Eltern, Krankheit, Tod oder Flucht hervorgerufen sein. Ein Kind kann sich indessen auch ohne solche äußeren Umstände »abge-trennt« fühlen. Kinder sind sehr sensibel. Sie merken, wenn ihre Eltern »schauspielern«. Wenn sie sich Mühe geben, ihr Kind locker über Sexualität aufzuklären, gleichzeitig jedoch gegen innere Tabus ankämpfen. Unbewusste Doppelbotschaften im Verhalten der Eltern verunsichern ein Kind. Soll es glauben, was es hört – oder was es sonst noch wahrnimmt? Ich rate meinen Klienten: Drücken Sie Ihre Gefühle aus – das macht Sie zu einem guten Vorbild.

Jenseits von richtig und falsch liegt ein Ort.
Dort treffen wir uns.

Rumi

Versöhnt auf andere zugehen

Das Traurige ist: Oft geben Eltern die Erfahrungen, die sie gemacht haben, unbewusst an ihre Kinder weiter. Unsere frühen Prägungen mischen im Zwischenmenschlichen immer mit. Deshalb ist es für jeden von uns wichtig, das eigene belastete innere Kind verstehen zu lernen. Nur, wenn wir es achtsam behandeln, können wir auch gut mit anderen und vor allem auch unseren eigenen Kindern umgehen. Solange wir jedoch in der Schuldfrage stecken bleiben, können wir uns nicht weiterentwickeln. Dies gilt bis in die Weltpolitik – wir würden einander keinen Krieg erklären, wenn wir es schaffen, unseren eigenen inneren Krieg zu befrieden.

Erst, wenn wir Verantwortung für uns selbst übernehmen, gewinnen wir an Selbstwirksamkeit. Wenn wir mit uns selbst versöhnt sind, können wir auf andere offen zugehen.

Es kommt nicht darauf an, mit
dem Kopf gegen die Wand zu
rennen, sondern mit den Augen
die Tür zu finden.

Werner von Siemens

3

Das ist ja wie im Kindergarten: Gefühlsausbrüche

Ich steige aus dem Teufelskreis meiner Gedankenschleifen aus.

Oft werden wir von unseren Emotionen regelrecht »überfallen«. Die Pferde gehen mit uns durch, und unser inneres Kind sitzt im Sattel. Wir können unsere Gefühle in diesem Moment nicht mehr einfangen. Wie zum Beispiel in folgender Situation:

»Das ist ja wie im Kindergarten!«, schreit Ihr Partner und knallt die Tür hinter sich zu. Sie sitzen am Küchentisch und kämpfen gegen Tränen an. Dabei ging es vor fünf Minuten nur darum, dass er vergessen hatte, die Wäsche aufzuhängen. Sie diskutierten, ein Vorwurf jagte den nächsten. Sie schrien ihn an, er brüllte zurück. Nun sind Sie beide wütend und aufgewühlt. Was ist passiert? Ihre beiden belasteten inneren Kinder haben miteinander gestritten, geleitet von unterbewussten, alten Verletzungen und Ängsten.

Wenn Sie die Pferde wieder eingefangen haben und der Ärger verraucht ist, können Sie gewisse Muster erkennen. Diese Erkenntnis hilft Ihnen, Ihre Pferde rechtzeitig zu beruhigen, wenn sie anfangen, zu scheuen.

Wenn wir uns selbst im Weg stehen

Ein Gefühlsausbruch kann durchaus eine reinigende Wirkung haben. Doch am Ende fühlen sich zwei Menschen mies: wir und unser Gegenüber. Derjenige, der nach so einem Streit als Allererstes unser Mitgefühl braucht, ist unser belastetes inneres Kind.

Groll mit uns herumtragen ist wie das Greifen nach einem glühenden Stück Kohle in der Absicht, es nach jemandem zu werfen. Man verbrennt sich nur selbst dabei.

Buddhistisches Sprichwort

Alte Gefühle wiedererkennen

Situationen, in denen Sie »wie ferngesteuert« reagieren, sind oft ein Indiz dafür, dass Ihr belastetes inneres Kind die Regie übernommen hat. Ihr inneres Kind orientiert sich an früheren Erfahrungen. Diese Muster laufen meist unbewusst ab. Wenn Sie zum Beispiel von Ihren Eltern in Ihre Schranken gewiesen wurden, weil Sie beim Spielen zu laut waren, prägt sich bei Ihnen dieses starke Gefühl des Begrenzt-Werdens ein. Und taucht vielleicht wieder auf, wenn Sie später im Job kritisiert werden.

Ihr inneres Überlebens-System kennt drei Reaktionsweisen, wenn es sich bedroht fühlt:

 Flucht. Sie suchen das Weite. Im Streit verlassen Sie den Raum und knallen die Tür.

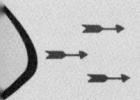 **Angriff.** Sie setzen sich zur Wehr. Vielleicht schreien Sie jemanden an oder schlagen um sich.

 **Erstarren.** Wenn Sie sich hilflos fühlen, stellen Sie sich »tot«. Da verschlägt es Ihnen im Vortrag schon mal die Sprache, und sie bringen keinen Ton mehr raus.

Diese Fragen helfen Ihnen, Ihrem belasteten Kind auf die Spur zu kommen:

Welche hoch emotionale Situation kommt Ihnen spontan in den Sinn, in der Sie in den letzten Wochen unverhältnismäßig heftig reagiert haben?

- Wie haben Sie sich gefühlt?
- Wo und wann hat sich Ihr inneres Kind schon mal so gefühlt?
- Was ist passiert? Wer war beteiligt?
- Was haben Sie gedacht?

Erste Hilfe für Ihr inneres Kind

Nachdem Sie die Kontrolle über sich verloren haben, fühlen Sie sich hilflos. Dafür verachten sich Menschen oft selbst. Dies ist ein Teufelskreis. Denn wenn Sie sich selbst verachten, sinkt Ihr Selbstwertgefühl, und Sie schlittern das nächste Mal vielleicht erst recht wieder in eine unangenehme Situation.

Haben Sie schon mal ein Tier erlebt, das verwundet ist? Es gerät in Panik und beißt um sich. Man kann ihm erst helfen, wenn es erschöpft ist und sich beruhigt hat.

Wer sich hilflos fühlt, versucht, sich zu schützen. Auch vor Situationen, die auf den zweiten Blick gar nicht so bedrohlich sind. Deshalb sollten Sie, sobald Sie wieder klarer sehen, Erste Hilfe bei sich leisten und verständnisvoll mit sich selbst sein. Denn Ihr inneres Kind war überfordert.

Mein inneres Kind trösten

Versöhnen Sie sich mit Ihrem inneren Kind: »Du konntest nicht anders handeln. Das hast du so gelernt. Mit diesem Verhalten hast du dich früher geschützt. Im Grunde war die Situation für dich als Kind viel zu schwierig. Jetzt stehe ich dir als Erwachsener zur Seite. Ich regle solche Situationen in Zukunft für uns beide. Du kannst spielen gehen, und ich beschütze dich.«

Das Spiel unterbrechen

Ihre inneren Muster lassen sich schwer unterbrechen, während sie in vollem Gange sind. Denn Ihr inneres Kind bestimmt dann die Spielregeln. Ihr Unterbewusstsein kennt in solchen Situationen nur Empfindungen und innere Bilder. Die passenden Worte findet Ihr Verstand erst, wenn Sie sich beruhigt haben. Wenn Sie aus heiterem Himmel von jemandem beleidigt werden, steckt Ihnen plötzlich ein Kloß im Hals. Erst am nächsten Tag fallen Ihnen schlagfertige Antworten ein.

> Wo man am meisten fühlt, weiß man am
> wenigsten zu sagen.
>
> *Annette von Droste-Hülshoff*

Neue Spielregeln aufstellen

Verhaltensmuster sind sehr sinnvoll, wenn es darum geht, Ihren Alltag gut zu gestalten. Da muss einiges intuitiv ablaufen, zum Beispiel Auto fahren oder die Zähne putzen. Ohne Routine müssten Sie dauernd nachdenken, was zu tun ist. Auch in Gefahrensituationen ist es wichtig, dass Sie sich und andere schnell in Sicherheit bringen können.

Ihr inneres Kind muss ein Stück weit auf Erfahrungen aufbauen, um sich zu orientieren. Doch es schätzt die Situation manchmal falsch ein. Heldenhaft setzt es sich zur Wehr, oftmals nicht gegen eine reale Gefahr, sondern weil es sich wieder an die alten Bedrohungen von früher erinnert. Das sind die Situationen, in denen Sie sich im Nachhinein fühlen wie ein kleines Mädchen, ein kleiner Bub. Zum Beispiel, wenn Ihnen am Postschalter vor Wut die Tränen in die Augen schießen. Weil der Beamte Ihnen Ihr Einschreiben nicht aushändigen will, weil Sie Ihren Ausweis zu Hause vergessen haben.

Sie müssen erkennen: Solche Situationen zu bewältigen ist manchmal viel zu schwer für Ihr inneres Kind – es braucht die Hilfe Ihres inneren Erwachsenen! Es sehnt sich nach einer versöhnlichen Hand, die es beruhigt und besänftigt.

»Stopp« oder »Go« – je nach Körpergefühl

Wir speichern gute und schlechte Erfahrungen, die wir im Leben machen, ab. Und zwar in Form von Körperempfindungen. Zum Beispiel als Stein auf der Brust, als Nackenverspannung oder freudiges Herzklopfen. Dieses System ist raffiniert, weil es uns in ähnlichen Situationen später blitzschnell die Information zur Verfügung stellt, mit der wir dann entscheiden können: Ist das gut oder schlecht für mich? »Stopp« oder »Go«?

Gefühle kreativ beschreiben

In dieser Übung geht es darum, dass Sie sich Ihrer Körpergefühle bewusst werden, um besser auf sie zu hören. Welche Gefühle hatten Sie in den bedrohlichen Situationen, die Ihnen vorhin in den Sinn gekommen sind? Nutzen Sie die Gefühlswolke auf Seite 36/37 als Inspiration. Beschreiben Sie die Gefühle möglichst bildhaft, zum Beispiel »wie heiße Lava in meinem Bauch« oder »wie ein Wirbelsturm in meinem Kopf«.

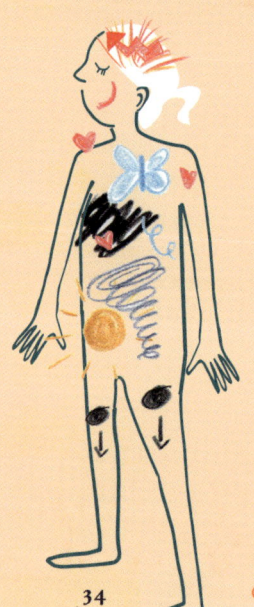

- Welche Gefühle hatten Sie?
- Welche Farbe haben Ihre Gefühle?
- Welche Temperatur?
- Welche Form (wie ein Stein, eine Sonne, ein Wasserstrudel, ein Loch)?
- Wo in Ihrem Körper spüren Sie das jeweilige Gefühl?

Zeichnen Sie Ihre Gefühle in die leere Figur ein. Benutzen Sie dazu Buntstifte. Viele meiner Klienten fragen mich, ob es normal sei, mehrere, scheinbar widersprüchliche Gefühle gleichzeitig zu spüren. Zum Beispiel Wut und Traurigkeit. Ja, unbedingt! In den meisten Fällen haben wir gemischte Gefühle!

Wichtig: Stehen Sie nach dieser Übung kurz auf, und schütteln Sie Ihren Körper bis in die Fingerspitzen aus. So werden Sie nicht von Ihren Gefühlen überwältigt und kommen wieder im Hier und Jetzt an.

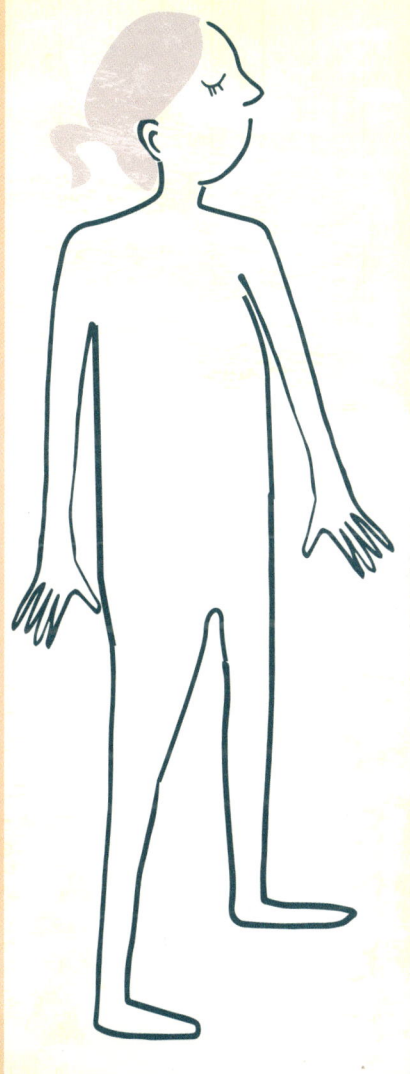

gehemmt

gelähmt

angespannt   fröhlich

genervt

Abscheu   erfüllt

angenommen

geborgen

eng   enttäuscht

Ekel

Ich fühle… / I

antriebslos   befreit   hilflos

lebendig

Angst

leidenschaftlich

begeistert   beglückt   ausgeglichen

hoffnungsvoll

panisch

freudig

missmutig

frustriert

sauer

Flow

einsam

Beklemmung

gierig

frei

eifersüchtig

beunruhigt

fühle mich...

Hass

mulmig

schüchtern

neidisch

leicht

schockiert

Lust

neugierig

nervös

ruhig

ohnmächtig

Gefühlsbotschaften entschlüsseln

Wenn sich schlechte Gefühle melden, dann haben Sie die Wahl: verdrängen oder wahrnehmen. Versuchen Sie so oft wie möglich, sie bewusst wahrzunehmen, denn Gefühle sind wertvolle Hinweise auf Ihre Bedürfnisse.

Folgende Fragen sind aufschlussreich:

- **Bei Wut:** Wo werden meine Grenzen verletzt? Was gibt mir jetzt Sicherheit?
- **Bei Traurigkeit:** Welche Vorstellung oder Erwartung muss ich loslassen? Was tröstet mich?
- **Bei Angst:** Was bedroht mich? Was gibt mir Stärke und Schutz?

Dabei spielt es keine Rolle, ob die Bedrohung oder Grenzverletzung »real« ist. Ihr inneres Kind fühlt sich so aufgrund von Erfahrungen, die es gemacht hat. Das gilt es ernst zu nehmen.

Überlegen Sie in einem weiteren Schritt:
Welche Bedürfnisse stehen hinter Ihren Gefühlen?

Zum Beispiel

das Bedürfnis

nach

Schutz, Kontrolle,
Liebe, Ordnung,
Anerkennung, Freiheit,
Selbstverwirklichung,
Bewunderung
oder
Zugehörigkeit **?**

Warnsignale früh erkennen

Beobachten Sie sich eine Zeit lang selbst, und schreiben Sie auf, in welchen Situationen Ihr inneres Kind mit starken Gefühlen reagiert hat. Achten Sie darauf, ob es im Vorfeld körperliche »Warnsignale« gab, zum Beispiel, ob Ihr Herz raste, als Sie wütend wurden. Oder Ihr Gesicht heiß und rot wurde.

Notieren Sie, auf welche Warnsignale Sie achten können. Dann bemerkt Ihr innerer Erwachsener beim nächsten Mal bewusst, wenn sich das belastete innere Kind in Ihnen regt.

So beruhigen Sie Ihr inneres Kind

Überlegen Sie sich nun Strategien, um in belastenden Situationen in Zukunft ruhig zu bleiben. Dazu haben sich Wenn-dann-Sätze bewährt. Zum Beispiel:

»*Wenn* mein Herz bis zum Hals klopft, *dann* atme ich tief durch.«

Wichtig ist, dass das »Wenn« und das »Dann« immer genannt werden. Wenn Sie Ihre neuen Strategien auf diese Weise formulieren, wirken sie unter Stress besser.

Weil Ihr Gehirn im Ernstfall eine genaue Anweisung hat, was zu tun ist. So beruhigen Sie Ihr inneres Kind, gewinnen Zeit und sorgen für einen klaren Kopf. Beispiele für Strategien, wie Sie das alte unerwünschte Muster unterbrechen:

- Tief durchatmen
- An eine besondere Person denken
- Aus der Situation rausgehen
- Jemanden anrufen
- Eine Runde um den Block gehen
- Die Hand aufs Herz legen
- Das eigene Gefühl dem Gegenüber mitteilen (überlegen Sie sich, was Sie sagen könnten)

Fragen Sie Ihr freies inneres Kind nach Strategien. Es weiß, was ihm guttut.

Das Leben wird vorwärts gelebt
und rückwärts verstanden.

Frei nach Søren Kierkegaard

4

Reise in meine Vergangenheit: Mein Glaubensmuster-Update

Ich prüfe, welche meiner Gedanken mich hemmen und welche mich stärken.

In diesem Kapitel dreht sich alles um unsere Glaubenssätze. Diese sind im Laufe unseres Lebens ein wichtiger Teil von uns geworden. Glaubenssätze formulieren unsere Sicht auf uns selbst, auf andere Menschen und auf die Welt. Positive Glaubenssätze helfen uns, Ziele zu erreichen. Negative Glaubenssätze hindern uns daran, unser Potenzial zu leben, und bremsen uns aus. Sie wirken wie Filter, die unsere Erwartungen trüben.

Glaubenssätze sind zum Beispiel:

- Was sollen die Nachbarn von uns denken?
- Erst die Arbeit, dann das Vergnügen!
- Geht nicht gibt's nicht!
- Mach das Beste draus!

Im Folgenden besuchen Sie Ihr inneres Kind in seiner Vergangenheit. Sie reisen also gedanklich in Ihr Elternhaus zurück. So kommen Sie mit Ihrem inneren Kind in seinem früheren Umfeld in Kontakt und können spüren, wie es ihm erging. Und vielleicht erkennen Sie während der Übungen in diesem Kapitel, welche der Gefühle von früher Sie auch noch heute öfter begleiten.
In Familien sind sehr komplexe Muster aus Prägungen, Glaubenssätzen und Überzeugungen aktiv.
Ich biete Ihnen im Folgenden verschiedene Übungen an, in denen Sie einige Ihrer Prägungen aus Ihrer Kindheit erkennen können. Prüfen Sie, welche Sie anspricht. Sie können die Übungen auch häppchenweise machen. Manche Gedanken brauchen Zeit, um zu reifen.

Ich bastle mir meine Kindheit

Kinder lieben freies Basteln und Malen. Und dasselbe können Sie jetzt auch tun. Es geht in dieser Übung darum, dass Ihre Erinnerungen mit allen Sinnen geweckt werden. Achten Sie dabei immer auf Ihre Gefühle.
Nehmen Sie das Material und das Medium, das Sie am liebsten mögen. Sammeln Sie aus Ihrer Zeit als Kind und junger Erwachsener Eindrücke. Sie können mixen oder für jede Lebensstufe eine eigene Collage machen, Sie haben die freie Wahl. Der Computer liefert eine Fülle an Bildmaterial, Musik und Videos. Sie brauchen in die Suchmaschine zum Beispiel nur ein Stichwort dieser Art einzugeben: »Spielzeug 1972« – und schon erhalten Sie viele Anregungen und Bilder. Suchen Sie Kinderfotos und Aufnahmen von Gegenständen und Orten von früher.
Stellen Sie eine Playlist mit Lieblingsliedern von damals zusammen.

O du fröhliche? Familienfeste

Familienfeste sind für viele Menschen eine intensive Zeit. Denn es kommen jedes Mal viele Gefühle hoch. Die Art und Weise, wie eine Familie feiert, sagt viel über ihre Glaubenssätze und die Beziehungen untereinander aus.

Stellen Sie sich in einer Gedankenreise ein Fest in Ihrer Kindheit vor, das kann ein traditionelles Fest wie Weihnachten oder ein Geburtstag sein.

Sie sind erwachsen und beobachten sich selbst als Kind. Sie greifen nicht ein.

Folgen Sie den Bildern, die Ihnen spontan kommen, auch wenn Ihnen schleierhaft ist, warum ausgerechnet diese Momente in Ihrem inneren auftauchen. Meist sind sie eine wichtige Spur zu Ihrem Unterbewusstsein. Lesen Sie zuvor die folgenden Fragen als Anregung durch.

Machen Sie es sich bequem. Atmen Sie ein paarmal ruhig ein und aus. Schließen Sie die Augen, und treten Sie in Ihr Elternhaus ein. Erleben Sie die Situation mit all Ihren Sinnen:

○ Wen sehen Sie? Sich als Kind? Ihre Eltern, Geschwister, Haustiere? Wie ist das Haus eingerichtet und dekoriert? Wie sieht Ihr Kinderzimmer aus?
○ Was hören Sie? Weihnachtslieder? Lachen? Streit?
○ Was riechen Sie? Den Festtagsschmaus? Kerzenduft? Das Parfum der Tante?
○ Was schmecken Sie? Süßigkeiten? Ihr Leibgericht?
○ Was spüren Sie? Das Saintsofa? Das Fell Ihrer Katze?
○ Wie fühlen Sie sich? Welche Stimmungen nehmen Sie wahr? Spannung, Fröhlichkeit?

Wenn Sie genug Eindrücke gesammelt haben: Gehen Sie zur Haustür hinaus, und schließen Sie sie leise hinter sich. Kommen Sie langsam wieder im Jetzt an. Öffnen Sie die Augen. Wie fühlen Sie sich? Stehen Sie nach der Gedankenreise auf. Schütteln Sie sich aus. Atmen Sie dreimal ein und aus. Kommen Sie bewusst wieder im Jetzt an.

Geschenk der Versöhnung

Setze einen Samen des Vertrauens in dein
Herz und gieße und pflege ihn geduldig.
Eines Tages, wenn du erwachst, blüht
sie auf, die herrlich duftende Blume
der Versöhnung.

N. B.

Du sollst Vater und Mutter ehren – wer sagt das?

Vielleicht wurden Sie in den letzten Übungen traurig
oder wütend. Suchen Sie nicht sofort nach beschwich-
tigenden Erklärungen wie »Mein Vater war eigentlich
ganz in Ordnung«. Sich mit anderen oder sich selbst
zu versöhnen bedeutet nicht, die eigenen Gefühle mit
einer Harmoniesoße zu übergießen. Spüren Sie genau
hin. Das fällt uns besonders schwer, wenn es sich um
unsere Eltern dreht. In unserer Gesellschaft herrscht
die Vorstellung, Kinder sollen ihre Eltern vorbehalt-
los lieben. Wenn wir ambivalente Gefühle hegen,
machen wir uns Vorwürfe: »Ich gebe mir einfach zu
wenig Mühe« oder »Irgendetwas mach ich falsch«.

Geraten Sie bloß nicht in Versöhnungsstress. Sie können jemanden gleichzeitig lieben und ihn manchmal auf den Mond schießen wollen. Gemischte Gefühle sind nun mal da. Haben Sie Geduld. Kümmern Sie sich erst mal um Ihr Verhältnis zu sich selbst. Lernen Sie Ihre unterschiedlichen Seiten kennen, und versöhnen Sie sich mit ihnen. So gehen Sie befreiter auf andere zu. Auch auf Ihre Eltern, wenn Sie möchten.

Veraltetes Gedanken-Programm

Wir tragen einige blockierende Glaubenssätze in uns, ohne sie zu hinterfragen. Sie wirken oft über Jahre und erfahren nie ein Update. Manche von ihnen haben noch nie gestimmt, andere sind einfach nicht mehr aktuell, weil wir groß sind und damit stärker und unabhängiger. Gedanken kennen weder Raum noch Zeit und haben deshalb kein Verfallsdatum. Sicher haben Sie in Ihrem Leben schon öfter Situationen bravourös gemeistert, von denen Sie zuerst dachten: Das kannst du nicht! Dennoch treibt dieser Glaubenssatz immer noch sein Unwesen in Ihnen. Er macht Ihnen auch an Stellen Angst, wo objektiv gar keine Gefahr besteht. Oder sät Misstrauen in Ihnen, wo man es gut mit Ihnen meint.

Das ist mein Weg

Mal habe ich mich danach gerichtet, was meine Eltern meinten. Mal habe ich das gemacht, was in meinem Freundeskreis gerade angesagt war. Mal hat mich das Schicksal in eine Richtung gestoßen.

Was wäre, wenn ich mich manchmal anders entschieden hätte? Die Antwort kennt nur der Wind.

Immer öfter vertraue ich meiner inneren Stimme und folge meinen Sehnsüchten und Träumen.

Ich versöhne mich mit mir. Mein Leben besteht aus vielen Weggabelungen. Sie sind wie kleine Äste, die aus einem großen Ast sprießen und sich danach wiederum teilen. Allen gemeinsam ist: Sie wachsen gen Himmel, immer der Sonne entgegen.

Wir hören auf, nach Monstern unter unserem Bett zu suchen, wenn wir realisieren, dass sie sich in uns verstecken.

Charles Darwin,
frei übersetzt

Wie man in den Wald ruft …

Es ist ein großer Unterschied, ob jemand mit dem Glaubenssatz »Carpe diem – Pflücke den Tag« durchs Leben geht oder mit »Im Leben bekommt man nichts geschenkt«.

Als Kind werden wir oft belehrt. Oder wir nehmen indirekt Überzeugungen unserer Bezugspersonen auf. Wenn zum Beispiel unsere ältere Schwester immer wieder an den Falschen gerät und sich die Augen aus dem Kopf weint, kommen wir vielleicht zum Schluss: »Auf Männer ist kein Verlass!«

Glaubenssätze updaten
- Ich bin nicht gut genug.
- Ich bin zwar nicht hübsch, aber intelligent.
- Ich bin sportlich/unsportlich.

Welche Glaubenssätze haben Sie?
Was denken Sie über Karriere, Geld, Liebe und Freundschaft? Und vor allem: Wie ist Ihr Bild von sich? Notieren Sie einige Ihrer Glaubenssätze und lesen sie sich laut vor. Erfreuen Sie sich an den Glaubenssätzen, die Sie stärken, bei denen es Ihnen warm

ums Herz wird. Die wenig hilfreichen Glaubenssätze gilt es zu aktualisieren. Das funktioniert wie ein Update für ein Computerprogramm, das veraltet ist. Übrigens, auch von braven Poesiealbum-Sprüchen gibt es selbstbewusstere Versionen:

Sei nicht wie das Veilchen im Moose:
sittsam, bescheiden und rein.
Du kannst ruhig wie die Rose
ein bisschen stachelig sein.

Eine gute Weise, den eigenen inneren Überzeugungen auf die Schliche zu kommen, ist die Analyse von Situationen, in denen Sie in letzter Zeit besonders wütend, traurig, eifersüchtig oder ängstlich waren. **Die Übung wird durch ein Beispiel deutlich:** Mona erzählt ihrem Mann, dass sie sich von seiner Mutter beleidigt fühlt. Sie hat angesichts des angelaufenen Bestecks vorgeschlagen, ihr mal zu zeigen, wie man Silber richtig putzt. Monas Mann relativiert die Situation. Seine Mutter habe es sicher nur gut gemeint. Mona fühlt sich von ihm nicht unterstützt, verlässt das Zimmer und knallt die Tür zu. Sobald sich ihre Gefühle beruhigt haben, wird ihr bewusst, dass in ihr der Glaubenssatz wirkt: *Niemand steht hinter mir, wenn es ernst wird. Ich bin es nicht wert, geliebt zu werden.*

Mona geht nach und nach folgende Fragen durch:

Was für ein Gefühl taucht auf?

Mona: Ich bin wütend und fühle mich allein.

Wo und wann habe ich diesen Glaubenssatz gelernt?

Mona: Als Kind hat mein kleiner Bruder mich öfter an den Haaren gerissen. Meine Mutter hat nur gesagt:

»Jetzt hab dich nicht so, wehr dich halt mal!«

Wozu ist mein Glaubenssatz gut?

Mona: Ich verlasse mich nur noch auf mich selbst und bleibe so unabhängig.

Wahrheitsgehalt testen:

Mona: In letzter Zeit haben mein Mann und ich Spannungen. Mit seiner Mutter unterhält er sich stundenlang. Das macht mich eifersüchtig. Aber es stimmt nicht, dass er nie hinter mir steht, letztens hat er die Kinder gehütet, als ich einen wichtigen Termin hatte.

Welches Bedürfnis steckt hinter meinem Glaubenssatz?

Mona: Ich möchte geliebt werden.

Update zum hilfreichen Glaubenssatz

Mona: *Ich bin liebenswert.*

Mit diesem Update kann Mona nun weitere Schritte unternehmen, um in ähnlich schwierigen Situationen nicht mehr in das alte Verhaltensmuster zu verfallen und neue Erfahrungen zu sammeln.

Die Segel anders setzen

Ziel ist nicht, Glaubenssätze einfach nur positiv umzuformulieren. So leicht lässt sich Ihr inneres Kind nicht abspeisen. Ihr inneres Kind wittert sofort, wenn Sie ihm aufzwingen möchten, einfach nur »positiv« zu denken. Ihm wird schlecht, oder es wird wütend. Es will etwas, woran es von Herzen glauben kann.

Denn Gedanken sind primär erst einmal nur Worte. Es steht nicht im Vordergrund, ob sie wahr oder falsch sind. Das ist oft Ansichtssache. Die Frage ist eher, ob sie hilfreich oder nicht hilfreich sind. Sie sollen Ihre Gedanken nicht kritisieren, sondern lediglich einen Schritt zurücktreten. Mit etwas Abstand können Sie entscheiden, wie Sie mit Ihnen weiter umgehen möchten.

> Du kannst den Wind nicht ändern, aber
> Du kannst die Segel anders setzen.
>
> *Aristoteles*

Erste Hilfe bei düsteren Gedanken

Es gibt einfache Übungen, die Sie immer machen können, wenn Sie merken, ein negativer Glaubenssatz belastet Sie gerade sehr. Mal angenommen, Sie denken »Ich bin zu dick«. Formulieren Sie diesen Glaubenssatz schrittweise anders:

- *Ich habe den Gedanken, dass* ich zu dick sei.
- *Ich beobachte, dass ich den Gedanken habe,* dass ich zu dick sei.
- Stellen Sie sich vor, wie verschiedene andere Personen diesen Satz »Ich bin zu dick!« sagen, z. B. Ihre Freundin, Ihre Lieblings-Filmfigur oder Pippi Langstrumpf. Singen Sie Ihren Gedanken, rappen Sie ihn.

(Abgeleitet aus der Akzeptanz und Commitment Therapie ACT)

Merken Sie, wie Ihr Glaubenssatz an Schärfe verliert? Ziel ist es nicht, den Glaubenssatz auszumerzen, sondern ihn ein Stück weit zu relativieren.

Embodiment – neue Glaubenssätze im Körper verankern

Wenn Sie also einen neuen hilfreichen Glaubenssatz gebildet haben, verinnerlichen Sie ihn.

Schreiben Sie ihn auf, und platzieren Sie ihn in Ihrer Geldbörse oder am Badezimmerschrank. Denken Sie sich eine Bewegung oder einen Körperausdruck aus, der für Sie zu diesem Glaubenssatz passt.

Zum Beispiel:

- Bewusstes Ein- oder Ausatmen
- Eine Geste mit den Händen oder den Armen
- Auf bestimmte Weise sitzen oder stehen

So verankern Sie diesen Satz auch körperlich. Das nennt man »Embodiment«. Ein prominentes Beispiel dafür ist die Raute, die Bundeskanzlerin Angela Merkel bei Auftritten mit ihren Händen formt. Sie selbst sagt, das zentriere sie. Gerade unter Stress kann eine solche Bewegung sehr hilfreich sein.

Glaubenssatz-Schatztruhe

Um hilfreiche neue innere Bilder zu finden, überlegen Sie, was Ihre hilfreiche neue innere Haltung symbolisieren könnte. Welches Tier, welche Romanfigur, welche Pflanze, welches Fahrzeug? Mit diesen inneren Bildern können Sie besonders einprägsame, sinnliche Glaubenssätze formulieren. Ihr inneres Kind wird sie lieben!

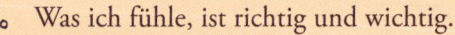

- Was ich fühle, ist richtig und wichtig.
- Ich lebe federleicht!
- Mit Pippi-Langstrumpf-Schwung lege ich los.
- Ich blühe auf!
- Alles in meinem Tempo!
- Ich komponiere meine eigene Lieblingsmelodie.
- Ich bin liebenswert!

- Ich rede, wie mir der Schnabel gewachsen ist.
  - Quietschvergnügt gehe ich voran.
- Meine innere Kraft ist mein Kompass!
- Immer der Nase nach – von Blume zu Blume!
- Ich bin eine schöne Perle im Ozean des Lebens.
- Geld ist ein Schatz, aus dem ich schöpfen kann.
- Ich habe meinen ganz eigenen Ton in der Sinfonie des Lebens.
- Ich zeige mich in meiner Farbenpracht!
- Auf meiner Insel bin ich Königin, bin ich König!
- Ich lege mich so richtig in die Kurven!
- Ich öffne mich für meine Schönheit.
- In meiner Höhle fühle ich mich beschützt und behaglich.

(Motto-Ziele nach dem Zürcher Ressourcen Modell ZRM®)

Das Leben der Eltern ist das Buch,

in dem die Kinder lesen.

Augustinus

5

Kinderstube ausmisten: Ist das hilfreich oder kann das weg?

Zusammen mit meinem inneren Erwachsenen finde ich die Kraft für Veränderung.

Beate will nach Hause. Ihrer kleinen Tochter passt das nicht. Da ruft Beate: »Wenn du nicht sofort kommst, gehe ich allein nach Hause, und du bleibst hier!« Im selben Augenblick zuckt sie zusammen: Genau das hat ihre Mutter auch immer gerufen! Manchmal fällt es uns wie Schuppen von den Augen: Wir kopieren unbewusst unsere Eltern! Das bekommt auch unser inneres Kind zu spüren. In diesem Kapitel widmen Sie sich nun Ihren Eltern. Vielleicht sind Sie jedoch mit Ihren Großeltern oder anderen Bezugspersonen aufgewachsen. Dann rücken Sie diese in den Fokus.

Auf den Spuren meiner Eltern

Es gilt herauszufinden, was wir von unseren Eltern – Gutes wie Schlechtes – übernommen haben. Vielleicht können Sie die folgenden Fragen für ein Gespräch mit ihnen nutzen. Wenn dies nicht möglich ist, dann versuchen Sie, Informationen bei Verwandten einzuholen oder die Fragen, so gut es geht, selbst zu beantworten.

Fangen wir mit Ihrer Mutter an:

- In was für einer Familienkonstellation ist sie aufgewachsen? Wie war das Verhältnis untereinander?
- Welche Verletzungen hat Ihre Mutter in ihrer Kindheit erfahren?
- Wie war/ist die Beziehung zu ihrem Mann?
- Wie geht Ihre Mutter mit Gefühlen um?
- Was denken Sie, würde Ihre Mutter über Sie sagen?
- Was sind ihre Glaubenssätze?
- Wie geht Ihre Mutter mit Problemen um?
- Welche Talente hat Ihre Mutter?
- Was ist ihr Traum?

Nun zu Ihrem Vater: Beantworten Sie dieselben Fragen zu seiner Person.

Gutes oder schlechtes Vorbild?

Sicher sind Ihnen bereits Ihre Ähnlichkeiten mit dem einen oder anderen Elternteil aufgefallen. Überlegen Sie weiter:

- Welche Eigenschaften haben Sie gemeinsam, worin unterscheiden Sie sich?
- Was lehnen Sie an Ihren Eltern ab, was Sie auch an sich ablehnen?
- Was mögen Sie an Ihren Eltern?
- Haben Sie ähnliche Talente?
- Hatten Ihr Vater oder Ihre Mutter einen Lebenstraum, den er oder sie nie verwirklicht haben und den Sie versuchen zu verwirklichen?
- Welche Glaubenssätze Ihrer Eltern haben auch Sie verinnerlicht?
- Wo verhalten Sie sich Ihrem inneren Kind gegenüber wie Ihre Eltern Ihnen gegenüber?

Welche dieser Eigenschaften Ihrer Eltern, die Sie übernommen haben, möchten Sie beibehalten? Von welchen möchten Sie sich verabschieden?

Hausordnung aufstellen

Stellen Sie sich vor, am Eingang zur Wohnung Ihrer Kindheit würde eine Hausordnung hängen. Hier würden die Glaubenssätze der Familie hängen. Was würde dort stehen? Etwa:

HAUSORDNUNG

➡ Was in der Familie geschieht,
   geht niemanden etwas an!
➡ Harmonie steht über allem!
➡ Neugierig sein gehört sich nicht.
➡ Am Esstisch ist immer Platz für Gäste.
➡ Geld verdirbt den Charakter.
➡ Nicht geschimpft ist gelobt.
➡ No risk, no fun!

Was wurde in Ihrer Familie gesagt und gedacht (Sie dürfen den Personen auch Dinge in den Mund legen)? Nehmen Sie ein Blatt Papier und schreiben Sie als Titel HAUSORDNUNG auf und notieren Sie, was Ihnen dazu einfällt.

Und jetzt kommt Ihr ganz persönliches Schild, das in der Vorstellung an Ihrer ehemaligen Kinderzimmertür befestigt wird. Was steht dort über Sie?

Glaubenssätze aussortieren

Sie haben nun viele Glaubenssätze entdeckt und notiert.

Nehmen Sie Ihre Notizen und kennzeichnen Sie die Glaubenssätze, die Sie aufbauen, mit einem grünen Stift. Und die Sätze, die Sie belasten, mit einem roten. Ja, die Ähnlichkeit mit »Korrekturen« der Lehrer im Schulheft ist beabsichtigt, auch durch die Farbwahl. Denn wir assoziieren mit Grün (siehe Ampel) »Los geht's!« – und mit Rot »Halt! Hier ist ein Update nötig«.

Wenn Ihr innerer Erwachsener zu streng ist

Parallel zu Ihrem belasteten inneren Kind hat sich Ihr innerer Erwachsener entwickelt. Er hat dabei Glaubensmuster aus Ihrem Umfeld übernommen. Und so entsteht ein Teufelskreis. Er reagiert vielleicht so, wie Ihre Eltern reagiert haben. Ihr inneres Kind ist belastet, und Ihr innerer Erwachsener reagiert darauf hilflos, ungeduldig, depressiv oder wütend. Er hat nicht gelernt, sich zu spüren. Wer sich nicht spürt, der nährt sich von Bestätigung von außen, durch Menschen oder Statussymbole. So macht er sich abhängig von anderen. Keine gute, selbstbewusste Position. Ein beklemmender Zustand.

Weltmeister im Gefühle-Verdrängen

Um schmerzende Gefühle zu verdrängen, lässt sich unser belastetes inneres Kind einiges einfallen. Es versucht, sich abzulenken, oder es zieht sich von der Welt zurück. In manchen Fällen flüchtet es sich in Süchte wie Drogen- oder Spielsucht, Rauchen oder Essstörungen. Jedoch auch viele »normale« tägliche Verhaltensweisen können dazu dienen, schlechte Gefühle zu verdrängen:

- Zu viel arbeiten
- Fernsehen
- Einen Roman nach dem anderen verschlingen
- Ausgehen
- Shoppen
- Im Internet stundenlang recherchieren
- Stehlen
- Über andere reden
- Mit Aktien spekulieren
- Viel schlafen
- Wenig schlafen
- Am Handy hängen
- Affären haben
- Wohnung perfekt einrichten
- Intensiv Sport treiben

Jetzt werden Sie vielleicht sagen: »Aber das ist doch ganz normal.« Jein. Es kommt auf das Maß an. Und auch, ob manche dieser Verhaltensweisen Sie davon abhalten, ein freudvolles, sinnerfülltes Leben zu führen. Wenn Sie sich dadurch zum Beispiel daran hindern, tiefe soziale Kontakte zu pflegen, Neues zu wagen. Oder wenn Sie dadurch Ihre Gesundheit schädigen. Die Hauptfrage ist jedoch: Wie fühlen Sie sich dabei und danach? Wie steht es mit Gefühlen der Traurigkeit, Einsamkeit, Wut, Hoffnungslosigkeit, Angst oder Eifersucht? Oft sind diese Gefühle unser ständiger Begleiter, unsere Grundstimmung. Wie bei einer Sinfonie: Das Orchester spielt zwar eine fröhliche Melodie, aber die Streicher im Hintergrund bilden einen melancholischen Klangteppich. Gefühle sind da, ob wir sie wollen oder nicht. Wir können sie nicht ignorieren, sondern sollten ihnen Aufmerksamkeit schenken.

Kraftvolle Dreiecksbeziehung

Damit Sie in Ihre Kraft kommen, müssen Sie in Balance sein. Und zwar brauchen Sie eine kraftvolle Dreiecksbeziehung: Ihr freies inneres Kind, das verspielt sein darf, Ihr **belastetes inneres Kind**, das sich beschützt fühlt, und einen **verständnisvollen, starken Erwachsenen**, der die Klammer um alles bildet. Die Rollen sind dabei nicht klar verteilt, da es sich hier ja um ein Gedankenkonstrukt handelt. Der innere Erwachsene reagiert nämlich manchmal gar nicht erwachsen, sondern wirkt in seiner Hilflosigkeit manchmal hart, unnachgiebig, verzweifelt, oder er steckt den Kopf in den Sand. Deshalb ist es wichtig, sich selbst beobachten zu können und zu sehen: Welcher Teil in mir meldet sich besonders stark und braucht meine Aufmerksamkeit? Wie komme ich wieder in Balance?

Ihren inneren Erwachsenen stärken

Machen Sie eine Liste mit all Ihren Ressourcen. Zeigen Sie Ihrem inneren Kind, wie stark Ihr innerer Erwachsener ist. Ihre Liste zeigt Ihnen und Ihrem eigenen inneren Kind, wie selbstbestimmt Sie im Grunde sind. Fühlen Sie sich beflügelt, ruhig ein wenig zu prahlen. Es geht hierbei vor allem darum, zu erkennen, dass Sie es in der Hand haben, etwas zu verändern! Und das ist der erste Schritt in Richtung Selbstwirksamkeit und Selbstvertrauen. Lassen Sie sich von den Ressourcen-Ballons auf der nächsten Seite inspirieren.

Ressourcen

Ich habe ein Auto und fahre, wohin ich will.

Ich habe letztens eine Verkäuferin zum Lächeln gebracht.

Ich kann gut Vorträge halten.

Ich ziehe an, was mir gefällt.

Ich verdiene Geld.

Ich verbringe mit denen Zeit, die mir sympathisch sind.

Ich kann ins Bett gehen, wann ich will.

Ich gehe, wenn es mir passt.

Ich lerne das, was mich interessiert.

Luftballons

Ich habe
Freunde,
die mich
unterstützen.

Ich habe
einen Beruf
gelernt.

Ich habe
schon einige
schwierige
Situationen
gemeistert.

Ich setze
mich für das ein,
was mir wichtig
ist.

Ich kann
gut zuhören.

Ich
kann gut
erzählen.

Wir müssen auf die Stimme
unserer Seele hören, wenn wir
gesunden wollen!

Hildegard von Bingen

6

Willst du mit mir spielen?
Das Vertrauen meines
inneren Kindes gewinnen

*Ich schwelge in meinen
Sehnsüchten und Träumen.*

In den vorherigen Kapiteln haben Sie sich und Ihr inneres Kind mehr beobachtet. Sie waren zu Besuch in alten Zeiten, die heimlich auch die Fäden in Ihrer Gegenwart ziehen. Spätestens jetzt gilt es, mit Ihrem inneren Kind direkt in Kontakt zu treten. So bewältigen Sie Schritt für Schritt Themen, die Sie bisher auf die lange Bank geschoben haben. Stellen Sie sich vor, Ihr Innerstes ist ein Garten. Der Rasen ist saftig grün, die Blumen blühen in allen Farben, und die Bäume tragen süße Früchte. Die Bienen summen munter herum, und die Vögel zwitschern aus voller Kehle. Doch ganz hinten in der Ecke, hinter einem Busch, da gibt es eine mit Dornen überwucherte Chaos-Ecke. Dort rostet eine Schubkarre vor sich hin, stapeln sich zerbrochene Töpfe, schimmeln alte Gummistiefel. Diese Schmuddelecke ist gut versteckt und stört das Auge nicht. Doch jedes Mal, wenn Sie in den Garten kommen, grummelt es in Ihnen: Sie wissen, Sie sollten dort längst mal aufräumen!

So geht es vielen von uns. Wir wissen insgeheim, dass da Dinge in unserem Inneren sind, die wir mal angehen sollten. Denn jede noch so chaotische Schmuddelecke kann ein Nährboden für die schönsten Blumen sein! Und je eher Sie beginnen, aufzuräumen, desto früher können Sie entdecken, welche Energie und Lebensfreude in Ihnen noch schlummert.

Was ich dich schon immer fragen wollte

Doch wie sag ich's meinem Kinde? Um Ihnen den Gesprächsanfang zu erleichtern, habe ich ein paar Übungen zusammengestellt. Suchen Sie sich das aus, was Ihnen am meisten liegt. Für alle Übungen gilt: Machen Sie sie in Ihrer Muttersprache, sprechen Sie in Ihrem Dialekt! Denn dies ist die Sprache Ihres inneren Kindes. Und sprechen Sie Ihr inneres Kind immer wieder direkt an, indem Sie Ihren Namen (oder auch Kosenamen) laut sagen: zum Beispiel »kleine Andrea«, »kleiner Alex«. Sie können auf dem Sofa sitzen oder einen Spaziergang unternehmen. Hier ein paar Fragen, die Sie stellen können:

- Wie alt bist du gerade?
- Wie geht es dir heute?
- Wie fühlst du dich?
- Was ist los?
- Weißt du, dass ich dich lieb habe?
- Was brauchst du? Wie kann ich dir helfen?
- Was möchtest du spielen?

Auch wenn das Gespräch zu Beginn etwas holprig ist, bleiben Sie dran. Ihr inneres Kind braucht etwas Zeit, um aufzutauen und Vertrauen zu fassen. Dann wird es Ihnen antworten. Und Sie können daraufhin Ihre Gefühle schildern.

Wenn es Ihnen schwerfällt, sich Ihr inneres Kind vorzustellen, unterhalten Sie sich mit einem Stofftier oder einer Puppe auf Ihrem Schoß.

Nehmen Sie es in den Arm, wenn Ihnen danach ist. Denn der wesentliche Teil dieser Übung ist das Mitgefühl und die Versöhnung mit Ihrem inneren Kind und Ihrem inneren Erwachsenen – und damit mit sich selbst.

Wie geht es dir heute?

Post für dich!

Schreiben Sie Ihrem inneren Kind einen Brief. Natürlich können Sie auch eine E-Mail verfassen, doch das Schreiben mit Stift entschleunigt und aktiviert andere Hirnregionen als das Tippen auf der Tastatur. Suchen Sie sich ein Kinder-Briefpapier aus, das Ihnen als Kind gut gefallen hätte.

Beginnen Sie mit der Anrede, zum Beispiel: »Liebe kleine Amelie …«

Schreiben Sie Ihrem inneren Kind, wie es Ihnen geht. Sagen Sie ihm, was Sie sich wünschen. Sagen Sie ihm, dass Sie sich in Zukunft mehr um es kümmern möchten, dass Sie es liebhaben. Fragen Sie es, wie es ihm geht und was es braucht.

Kinderbrief in Krakelschrift

Nun antwortet Ihnen Ihr inneres Kind. Manche Menschen finden es hilfreich, diesen Brief mit der »schwächeren« Hand zu schreiben (als Rechtshänder zum Beispiel mit links), weil man dann wesentlich langsamer schreibt und sich mit der krakeligen Schrift besser in das innere Kind einfühlen kann. Probieren Sie es aus. Gern können Sie aber auch mit Ihrer gewohnten Hand schreiben, Hauptsache, Sie versetzen sich in Ihr inneres Kind. Stellen Sie sich seinen Gesichtsausdruck vor. Setzen Sie sich auf einen anderen Stuhl oder an einen anderen Tisch als bei dem Brief, den Sie vorher als Erwachsener geschrieben haben.

Beginnen Sie mit der Anrede, zum Beispiel: »Liebe Amelie …«

Schreiben Sie, wie es Ihnen geht. Welche Gefühle aus Ihrer Kindheit spürbar sind und was Sie sich von Ihrem inneren Erwachsenen an Unterstützung wünschen. Wenn Sie wütend auf ihn sind oder traurig, lassen Sie es ihn wissen. Wählen Sie einfache Worte und Bilder, Ihr inneres Kind kennt keine Fremdworte. Dieser Brief darf auch kürzer sein als der des Erwachsenen. Wenn Ihrem Kind die Worte fehlen, greifen Sie zum Tuschkasten. Malen oder klecksen Sie die Antwort. Formen Sie sie in Ton oder schnipseln Sie eine Kollage.

Kinderfotos retuschieren

Für Ihre Glaubenssätze aus Kindertagen, die Sie eher als Last empfinden, haben Sie bereits nach positiven Versionen gesucht. Dasselbe können Sie auch bildnerisch gestalten. Nehmen Sie ein Bild von sich als Kind. Vielleicht ein Klassenfoto. Sie erinnern sich, dass sie sich damals in dieser Schulklasse schlecht gefühlt haben? Kleben Sie einfach Ihr Erwachsenen-Gesicht hinter Ihr Kindergesicht. So zeigen Sie, Sie sind für Ihr inneres Kind da.

Sie können auch ein Bild von sich als einsames Kind nehmen und es zum Beispiel mitten in Ihre vergnügte Geburtstagsgesellschaft Ihres 30. Geburtstags setzen. So fühlt es sich aufgehoben.

Sie haben ein Foto, auf dem Sie mit Ihren Geschwistern vom Klettergerüst winken? Trommeln Sie sie zusammen, und stellen Sie die Situation auf demselben Spielplatz nach, wenn es ihn noch gibt. Der Effekt ist überwältigend! Sie befreien Ihr inneres Kind aus den Verstrickungen der Vergangenheit und erzählen diese neu. Aus den Früher-und-heute-Bildern kann man auch einen Kalender erstellen. Er erinnert Sie im Alltag an die Veränderung, die in Ihnen vorgehen kann.

Was man als Kind geliebt hat,
bleibt im Besitz des Herzens bis
ins hohe Alter.

Khalil Gibran

7

Ich nehme dich an die Hand: Gemeinsam durch den Alltag

So lebe ich glücklich in meiner Beziehung und bin erfolgreich im Job.

Sie haben sich Zeit genommen, Ihr inneres Kind kennenzulernen, und gehen fortan Seite an Seite. Nutzen Sie Ihr freies inneres Kind als Inspirationsquelle. Lassen Sie sich von ihm zu den Dingen und Situationen führen, nach denen Sie sich sehnen. Und hören Sie Ihrem belasteten inneren Kind zu, und stehen Sie ihm zur Seite. Im Alltag ist das nicht immer so leicht. Sie werden sich fragen: »Wohin mit meinem inneren Kind, wenn ich arbeite oder ein Date habe?« Einen Babysitter müssen Sie jedenfalls nicht buchen. Sie können das innere Kind gut integrieren.

Die Faustregel lautet: Jeder darf das tun, was er am besten kann. Ihr innerer Erwachsener kümmert sich um schwierige Situationen, Gespräche und Organisatorisches. Ihr inneres Kind darf derweil spielen und ganz Kind sein. Wenn es sich mit Wut, Trotz oder Traurigkeit meldet und Sie gerade keine Zeit haben, nehmen Sie es in Gedanken kurz in den Arm, und sagen ihm, dass Sie darauf zurückkommen. Tun Sie das auch. So meistern Sie »zu zweit« den Alltag.

Mit meinem inneren Kind zur Arbeit

Ihr inneres Kind ist immer bei Ihnen, auch bei der Arbeit. In manchen Teams geht es zu wie in einer Familie. Gerade in stressigen Situationen rutschen die meisten Menschen in kindliche Verhaltensmuster:

- **Schmollen.** Eine Führungskraft äußert Kritik, der Mitarbeitende zieht sich zurück und verweigert eine Zeit lang die Kommunikation …
- **Um die Anerkennung des Chefs (= Eltern) kämpfen.** Jeder Kollege scheint laut zu rufen: »Hier bin ich! Schaut mal, wie toll ich bin!« …
- **Beim Spielen schummeln.** Jemand gibt Erfolge als seinen Verdienst aus, obwohl auch andere beteiligt waren …

○ **Das Sandförmchen des anderen haben wollen.**
Äußere Merkmale wie ein neues Geschäftshandy oder eine Beförderung lösen Neid aus …

Erkennen Sie bei anderen das innere Kind, finden Sie heraus, was für Bedürfnisse hinter dem jeweiligen Verhalten stecken. Sie können sich dann in Ruhe überlegen, wie Sie darauf reagieren möchten.

Die Kreativität meines inneren Kindes nutzen

Bei der Arbeit gibt es auch Situationen, in denen Sie Ihr inneres Kind gezielt dazu holen können. Wenn Sie eine Aufgabe vor sich haben, die Kreativität und neue Lösungen erfordert, schicken Sie Ihren inneren Erwachsenen für einen Moment in die Kaffeepause. Werfen Sie jegliches »Aber« und alle Bedenken über Bord und lassen Sie einfach mal Ihr inneres Kind und Ihr Gefühl ans Ruder. Machen Sie ein Speed-Brainstorming. Stellen Sie einen Timer auf fünf Minuten. Schreiben Sie ohne den Stift abzusetzen so viele Ideen wie möglich auf Klebezettel oder ein Blatt Papier. Die Menge ist wichtig, nicht die Qualität. So kommen Sie auf neue Gedanken. Wenn Ihr innerer Erwachsener frisch erholt aus der Pause zurückkommt, kann er immer noch einen Realitäts-Check vornehmen.

Mich besser abgrenzen – Ja zu mir selbst!

In den Situationen, in denen Sie Ja sagen und Nein meinen, gilt: Ein Ja zum anderen bedeutet ein Nein zu sich selbst. Das gilt im Job genauso wie im Privatleben. Notieren Sie sich eine Situation, in der Ihnen das Nein-Sagen nicht gelungen ist. Warum wollten Sie »Nein« sagen? Wie hat sich Ihr inneres Kind gefühlt, als Sie »Ja« sagten? Verärgert? Lustlos? Ängstlich? Hat es die Augen verdreht? Sagt es zu sich selbst: »Wenn ich Nein sage …«

- Dann bin ich verantwortlich für den Ärger des anderen
- Gelte ich als egoistisch
- Werde ich in Zukunft geschnitten
- Fühle ich mich schuldig

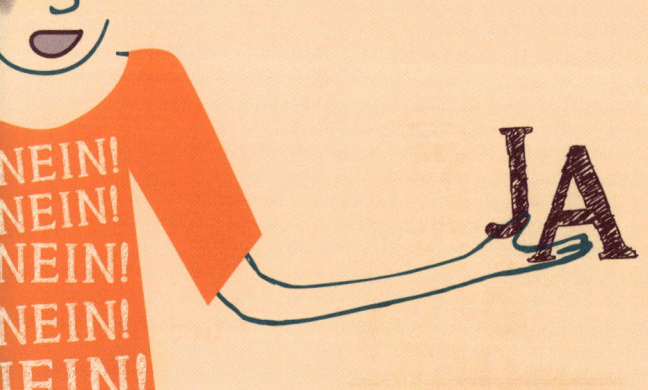

Oft schließen wir von uns auf andere. Wie reagieren Sie, wenn Sie ein Nein von einer anderen Person hören? Verletzt, beleidigt, verärgert, wütend, enttäuscht, traurig?

Sobald Ihnen Ihre Beweggründe für Ihre Furcht vor dem »Nein« klarer sind, wird es Ihnen leichter fallen, Nein zu sagen, wenn Sie es meinen. Sie sind mit sich und Ihrem Gegenüber so am ehrlichsten.

Ein »Nein« ist manchmal die liebevollere Antwort.

Um keine Antwort verlegen

Oft ringen wir nach Worten. Hier eine kleine Ideensammlung für Ihren inneren Erwachsenen, ein »Nein« zu formulieren:

- Ich kann leider nicht.
- Ich habe keine Zeit.
- Das geht leider nicht.
- Damit habe ich schlechte Erfahrungen gemacht.
- Ich bin verabredet.
- Das mache ich grundsätzlich nicht.
- Leider nein.

Wenn das innere Kind in der Beziehung mitmischt

Sie kennen sicher Ratschläge wie diesen: »Schau dir deine Schwiegermutter genau an, bevor du deine Partnerin heiratest. Denn so wird sie auch mal.« Das Gleiche gilt natürlich auch für den Partner. Da ist etwas dran, denn wir übernehmen viele Muster unserer Eltern. Auch, wie wir unsere Partnerschaft führen. Beziehungen sind dafür prädestiniert, Erinnerungen und Verletzungen aus unserer Kindheit wieder wachzurufen. Unser belastetes inneres Kind erinnert sich dann an Erlebnisse wie Trennung, Unzuverlässigkeit, Abhängigkeit, Manipulation, Übergriffigkeit, Einschränkung.

Unsere kindliche Bindungserfahrung hat Einfluss auf unsere Bindungsfähigkeit im Erwachsenenalter. Das macht es kompliziert. Denn wir sind nun nicht mehr nur zu zweit mit unserem Partner, sondern zu viert mit unseren jeweiligen belasteten inneren Kindern. Oft suchen wir uns unbewusst einen Partner aus, mit dem uns Ähnliches verbindet wie mit Personen unserer Ursprungsfamilie. Wer aus einer Familie kommt, in der Sucht ein großes, verschwiegenes Thema war, gerät manchmal an einen Partner, der auch süchtig ist. In Familien, in denen ein Mitglied süchtig ist, entsteht ein Teufelskreis. Die Angehörigen unterstützen aus Loyalität bisweilen sogar die Sucht des Betroffenen, indem sie helfen, diese nach außen zu vertuschen. Kinder von süchtigen Eltern oder Geschwister stellen ihre Bedürfnisse zurück und entwickeln ein »Helfersyndrom«. Sie ziehen ihre Selbstbestätigung aus ihrer aufopferungsvollen Rolle. Diese pflegen sie auch als Erwachsene.

Viele Menschen meinen, dass sie, wenn sie sich mit sich selbst beschäftigen, auf dem Egotrip seien. Sie sind es gewohnt, sich daran zu orientieren, was ihr Partner oder ihre Kinder möchten. Sich zurückzuziehen und die eigenen Bedürfnisse zu erkunden und sie auszusprechen ist jedoch die Basis für jede Beziehung. Ansonsten redet man aneinander vorbei oder zieht sich in die Schmollecke zurück. Und schon herrscht dicke Luft.

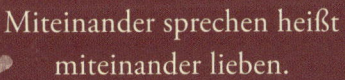

Miteinander sprechen heißt
miteinander lieben.

Sprichwort aus Kenia

Die folgende Übung setzt voraus, dass beide Partner sich mit ihrem inneren Kind auseinandersetzen. Sollte Ihr Partner nicht dazu bereit sein, können Sie die Fragen auch für sich klären.

Gipfeltreffen der inneren Erwachsenen

Wenn die Emotionen wieder heruntergekühlt sind, analysieren Sie jeder für sich die Situationen, in denen Sie immer wieder aneinandergeraten. Welche Glaubenssätze können Sie bei sich entdecken?
Welche Erlebnisse aus der Kindheit tauchen auf?
Sprechen Sie mit Ihrem inneren Kind. Fragen Sie es, was es jetzt braucht.
Nun treffen Sie sich mit Ihrem Partner. Besser gesagt: Ihr innerer Erwachsener trifft seinen inneren Erwachsenen. Tauschen Sie sich über Ihre Erkenntnisse und Bedürfnisse aus. Geben Sie sich dabei gegenseitig Redezeit, in der nur einer redet und seine Gedanken seinem Gegenüber darlegt. So fühlen sich ihre inneren Kinder gehört. Danach können Sie gemeinsam Lösungen suchen. Hier können Sie auch Ihre freien inneren Kinder zu Rate ziehen. Wer weiß, auf was für Ideen diese kommen! Es wird helfen, dass Sie mit Ihrem Partner wieder öfter unbelastet Zeit verbringen und auch endlich wieder Spaß haben können.

Die sonnige Kinderstraße

Meine frühe Kindheit hat
Auf sonniger Straße getollt;
Hat nur ein Steinchen, ein Blatt
Zum Glücklichsein gewollt.

Jahre verschwelgten. Ich suche matt
jene sonnige Straße heut,
Wieder zu lernen, wie man am Blatt,
Wie man am Steinchen sich freut.

Joachim Ringelnatz

Es ist Zeit für Herzensdinge

Ich möchte das letzte Kapitel mit einem kraftvollen Ausblick schließen. Denn unser freies inneres Kind ist der Schlüssel zu unserer Lebensfreude. Wenn Sie Freude und Kreativität vermissen, fragen Sie Ihr freies inneres Kind: Worauf hast du Lust? Was hat dir früher Spaß gemacht? Was hindert Sie daran, sich diesen Herzensdingen wieder zu widmen? Mal wieder einen Tag im Wald zu verbringen und sich so richtig dreckig zu machen? Ihr inneres Kind ist nicht nur ein bedürftiges Wesen, das getröstet werden will. Es zeigt Ihnen den Weg zu mehr Echtheit und Lebensfreude!

Sei du selbst!
Alle anderen sind bereits vergeben.

Oscar Wilde

Nachwort

Ich lerne sehen. Ich weiß nicht, woran es liegt, es geht alles tiefer in mich ein und bleibt nicht an der Stelle stehen, wo es sonst immer zu Ende war.

Rainer Maria Rilke

Warum alte Wunden aufreißen, sich verdrängten, schmerzvollen Erinnerungen stellen? Wie bei einem Flaschengeist haben wir zunächst Angst, die Flasche zu öffnen, weil wir fürchten, von einem Riesen überwältigt zu werden. Und ja, es ist zuerst unangenehm und auch mühsam. Zum einen. Zum anderen wirkt es bereichernd und befreiend. Vielleicht haben Sie das beim Lesen des Buches und der Arbeit mit Ihrem inneren Kind auch schon gespürt? Und wir können unsere schmerzvollen Gefühle auf Dauer auch gar nicht links liegen lassen. Sie sind wie ein Steinchen im Schuh. Wenn wir es ignorieren, dann verursacht es schmerzvolle Blasen und hindert uns am Weitergehen. Für alles in unserem Leben gibt es Zeiten. Es gibt Phasen, in denen wir unsere Ressourcen spüren und aufbauen können. Und Zeiten, in denen wir merken, dass irgendetwas uns daran hindert, Erfüllung zu finden und echt zu sein. Dann ist es angebracht, dem Unangenehmen (mal wieder) ins Auge zu sehen und die (nächste) Veränderung einzuleiten.

Um Sie auf dieser inneren Reise zu begleiten, habe ich dieses Buch geschrieben. Und ich hoffe, Sie folgen bereits den Spuren zu Ihrer persönlichen Erfüllung und Zufriedenheit, sowohl im Privaten wie auch im Berufsleben. Mit Lebensenergie, Neugierde und einem wachen Blick für das eigene Wohl und für die Lieben um sich herum. Ihr inneres Kind wird auch in Zukunft immer bei Ihnen sein, also beschützen Sie es weiterhin gut – und lassen Sie sich, so oft wie es geht, von seinem Lachen und seiner unbändigen Freude über das Leben anstecken.

Danke!

Ein dickes Dankeschön an Dr. Maja Storch. In der Ausbildung zur ZRM®-Trainerin habe ich Wichtiges über Selbstwirksamkeit gelernt. Das konnte ich in dieses Buch einfließen lassen.

Herzlichen Dank meiner Lektorin Susanne Haffner und Sylvia Gredig für ihre wichtigen Impulse! Die wundervollen Illustrationen von Lena Ellermann machen dieses Buch erst richtig lebendig! Danke meiner Agentin Imke Rötger! Sie gibt mir Rückhalt, wenn mich Selbstzweifel oder Perfektionismus packen. Mein wichtigstes Gegenüber ist mein Mann Stefan Wehrle, mit dem ich gern alles durchdenke und der immer offene Arme und ein offenes Ohr für mich hat! Für ihre Unterstützung danke ich von Herzen Gisela, Dominika und Franka! Ein Leckerli für Enzo, beim Gassigehen mit ihm kommen mir die besten Ideen! Mein innigster Dank gilt meinem inneren Kind: für seine ehrliche Resonanz, seine Kreativität und sein Vertrauen.

BASTEI LÜBBE TASCHENBUCH

Band 61021

Haftungsausschluss: Dieses Buch soll Ihnen ermöglichen, sich selbst besser kennenzulernen. Es dient Ihrer Herzensbildung. Es basiert auf psychologischem Hintergrund, der jedoch bewusst einfach gehalten ist. Dennoch ersetzt es keine Psychotherapie. Wir weisen Sie darauf hin, dass Sie die Übungen und Vorschläge auf eigene Verantwortung durchführen. Der Verlag und die Autorin übernehmen keine Haftung für Schäden, die Ihnen direkt oder indirekt durch Ausführungen in diesem Buch entstehen.

Originalausgabe
Vermittelt durch Imke Rötger, Agentur und Dienste für Autoren und Verlage
Copyright © 2019 by Bastei Lübbe AG, Köln
Textredaktion: Sylvia Gredig, Köln
Gesamtgestaltung: Lena Ellermann
Gesetzt aus der Adobe Garamond Pro
Druck und Bindung: Print Consult GmbH, München
Printed in Slovakia
ISBN 978-3-404-61021-1

5   4   3   2   1

Sie finden uns im Internet unter www.luebbe.de
Bitte beachten Sie auch: www.lesejury.de

Ein verlagsneues Buch kostet in Deutschland und Österreich jeweils überall dasselbe.
Damit die kulturelle Vielfalt erhalten und für die Leser bezahlbar bleibt, gibt es die gesetzliche Buchpreisbindung. Ob im Internet, in der Großbuchhandlung, beim lokalen Buchhändler, im Dorf oder in der Großstadt – überall bekommen Sie Ihre verlagsneuen Bücher zum selben Preis.

Gönnen Sie sich diese kleinen Atempausen!

Jutta Ritschel
AUFATMEN!
Fünf Minuten für
Entspannung und Energie
im Alltag
96 Seiten
mit Abbildungen
ISBN 978-3-404-60996-3

Immer müde? Gestresst? Aufgeregt? Schon kleine einfache Übungen ermöglichen das unmittelbare Aufatmen im wörtlichen Sinne. Für schnelle Stressreduktion und Entspannung, für die schnelle Rückgewinnung von Energie und Konzentration, für Souveränität und Gelassenheit. Vom Aufwachen im Bett und wie Sie sich Lust auf den Tag machen über einfache Sofortmaßnahmen in Stresssituationen, Minutenübungen für den Alltag im Büro bis hin zu beruhigenden Atemübungen, die beim Einschlafen helfen.

Bastei Lübbe

*Inspirierende Texte und kleine wirksame
Übungen für jeden Tag*

Monika Gruhl
AUFLEBEN!
Kleine Schritte für
mehr Resilienz
104 Seiten
mit Abbildungen
ISBN 978-3-404-60997-0

Aus der eigenen Kraft heraus leben, seine Persönlichkeit stärken, mit sich und der Welt im Reinen sein - wer wünscht sich das
nicht? Doch der Alltag zerrt an uns, wir fühlen uns unter Druck,
wollen allem und jedem gerecht werden. Und manchmal drohen
schlimme Ereignisse unser Leben auf den Kopf zu stellen. Wir
verlieren unser Selbstvertrauen, lassen uns entmutigen, fühlen
uns genervt oder erschöpft. Gerade dann brauchen wir Resilienz.
Resilienz lässt Menschen aufleben. Und Resilienz kann man lernen. Dabei hilft dieses Buch.

Bastei Lübbe